Massimo Wolke

Vagina
Malspaß
pur

Massimo Wolke

Vagina Malspaß pur

Bibliografische Information der Deutschen Nationalbibliothek:
Die Deutsche Nationalbibliothek verzeichnet diese Publikation in der Deutschen Nationalbibliografie; detaillierte bibliografische Daten sind im Internet über http://dnb.dnb.de abrufbar.

Herstellung und Verlag:
BoD – Books on Demand, Norderstedt

ISBN: 978-3-7448-5554-9

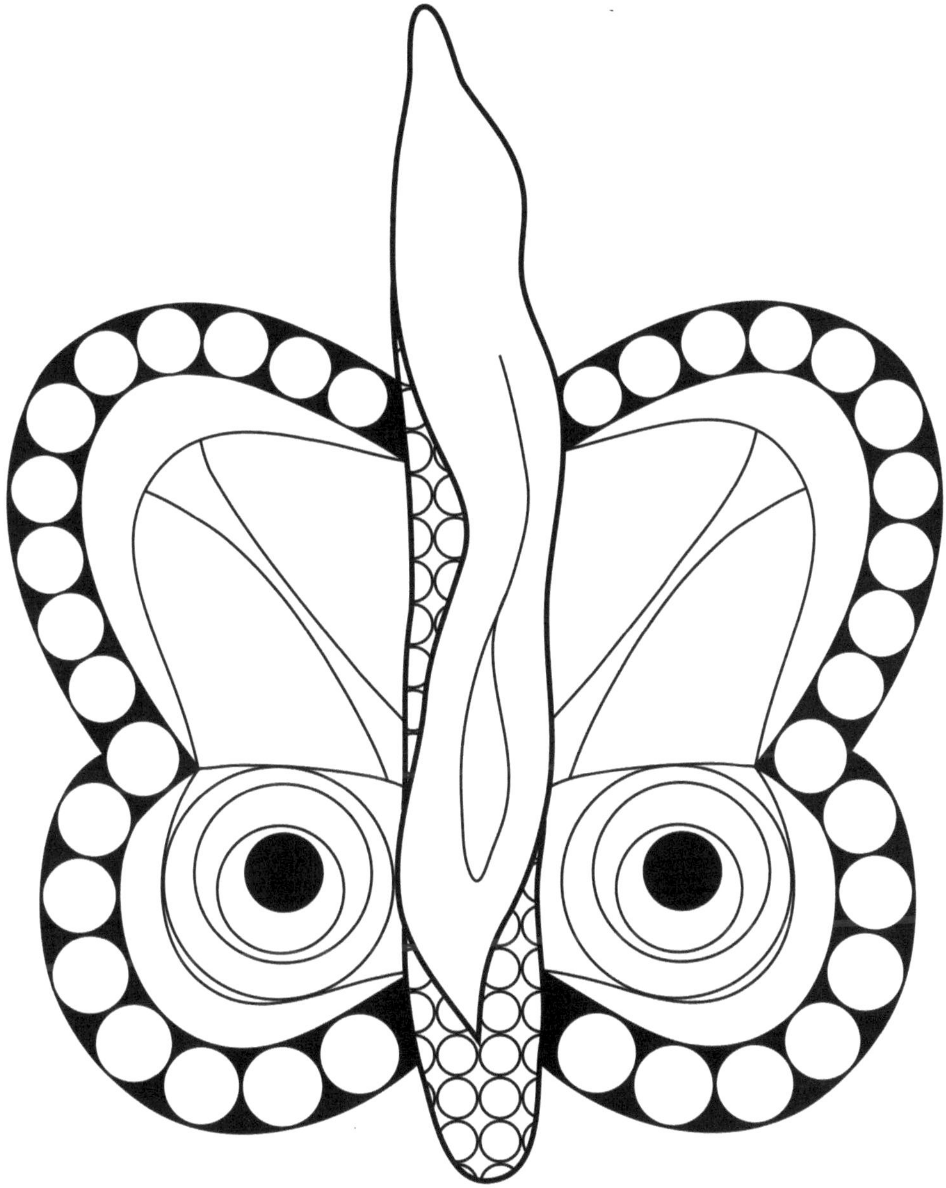

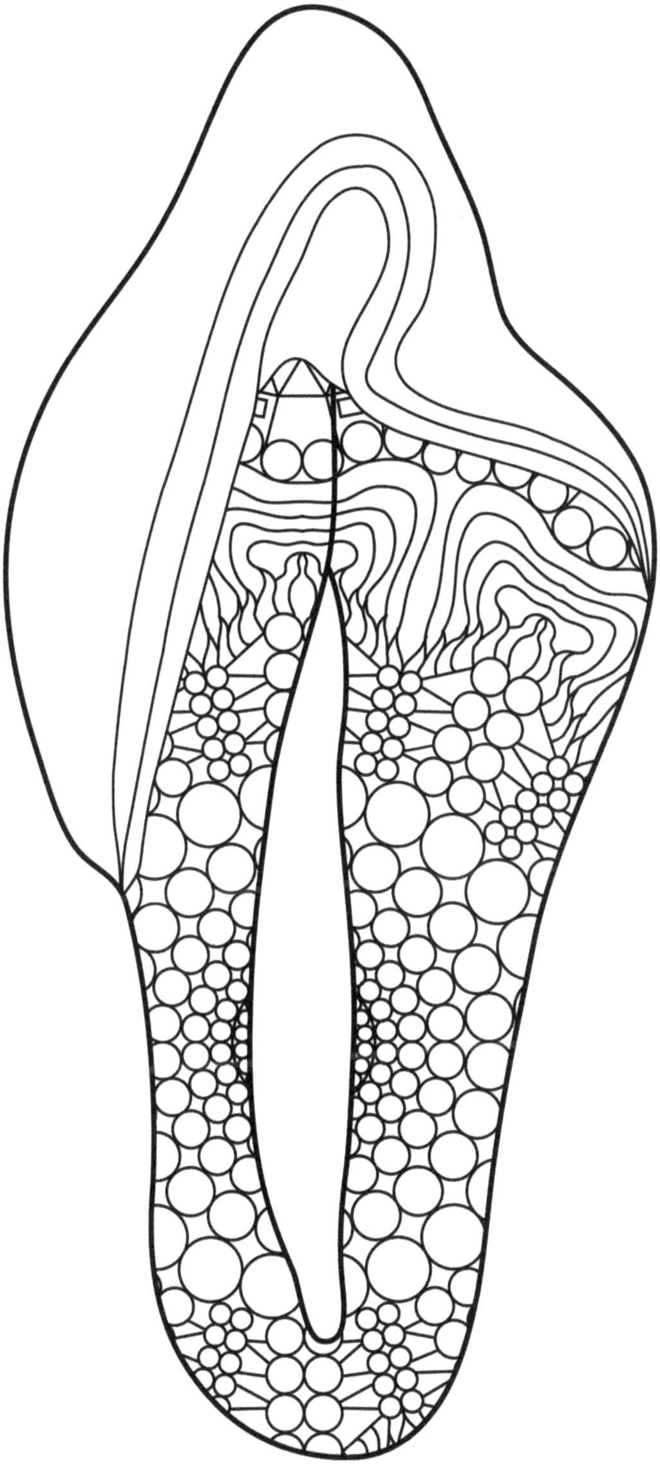

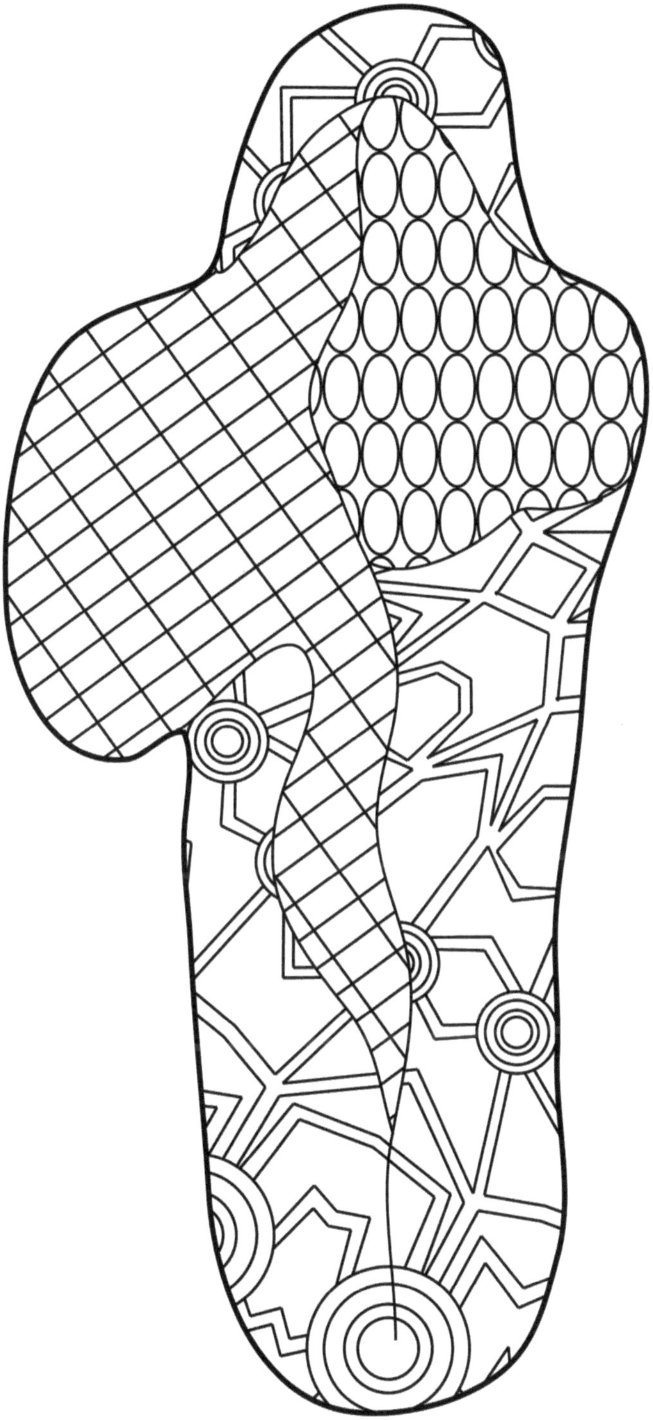

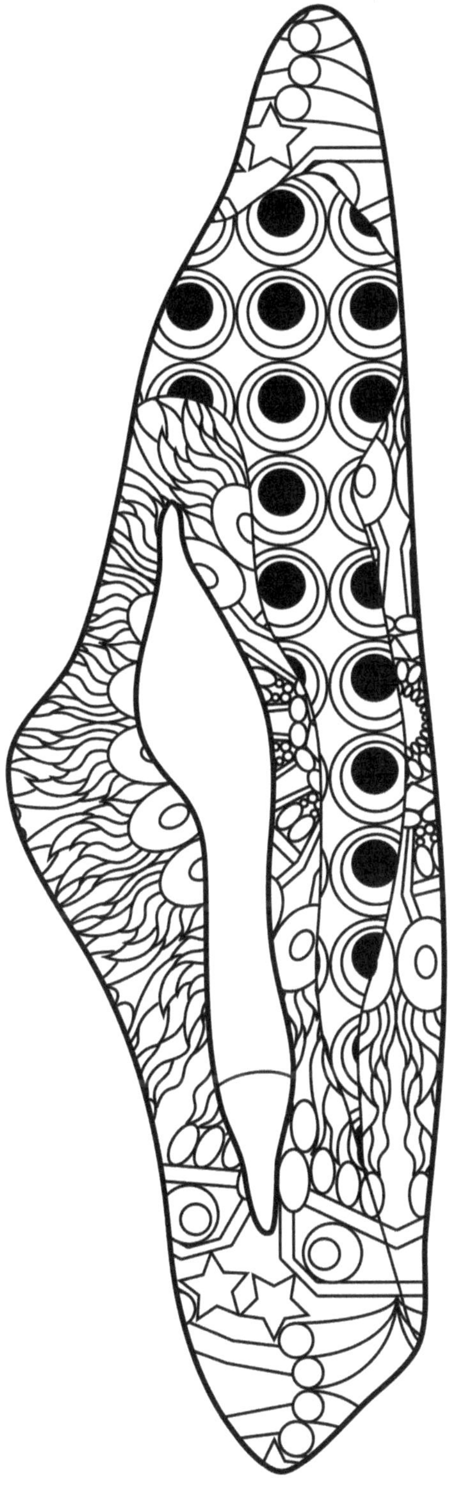

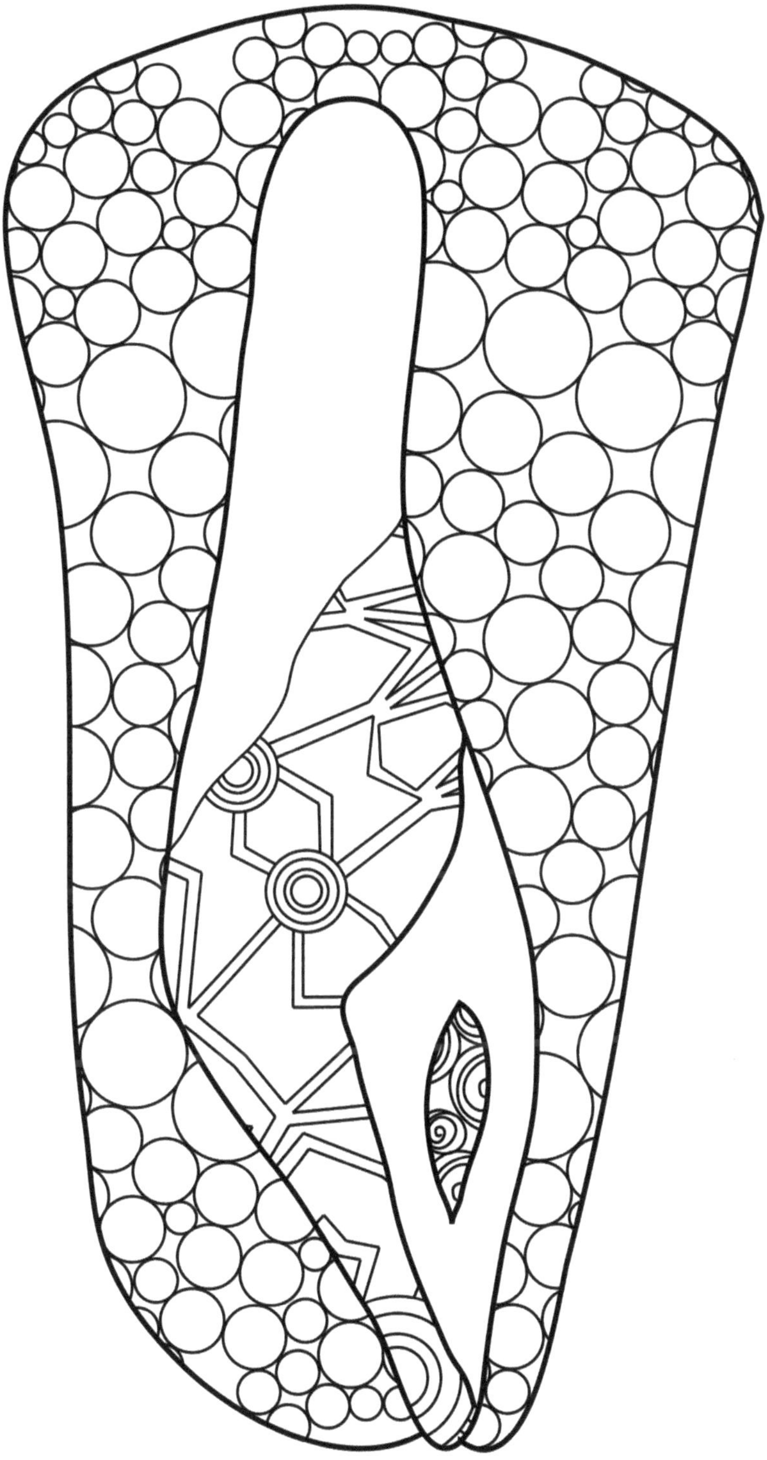

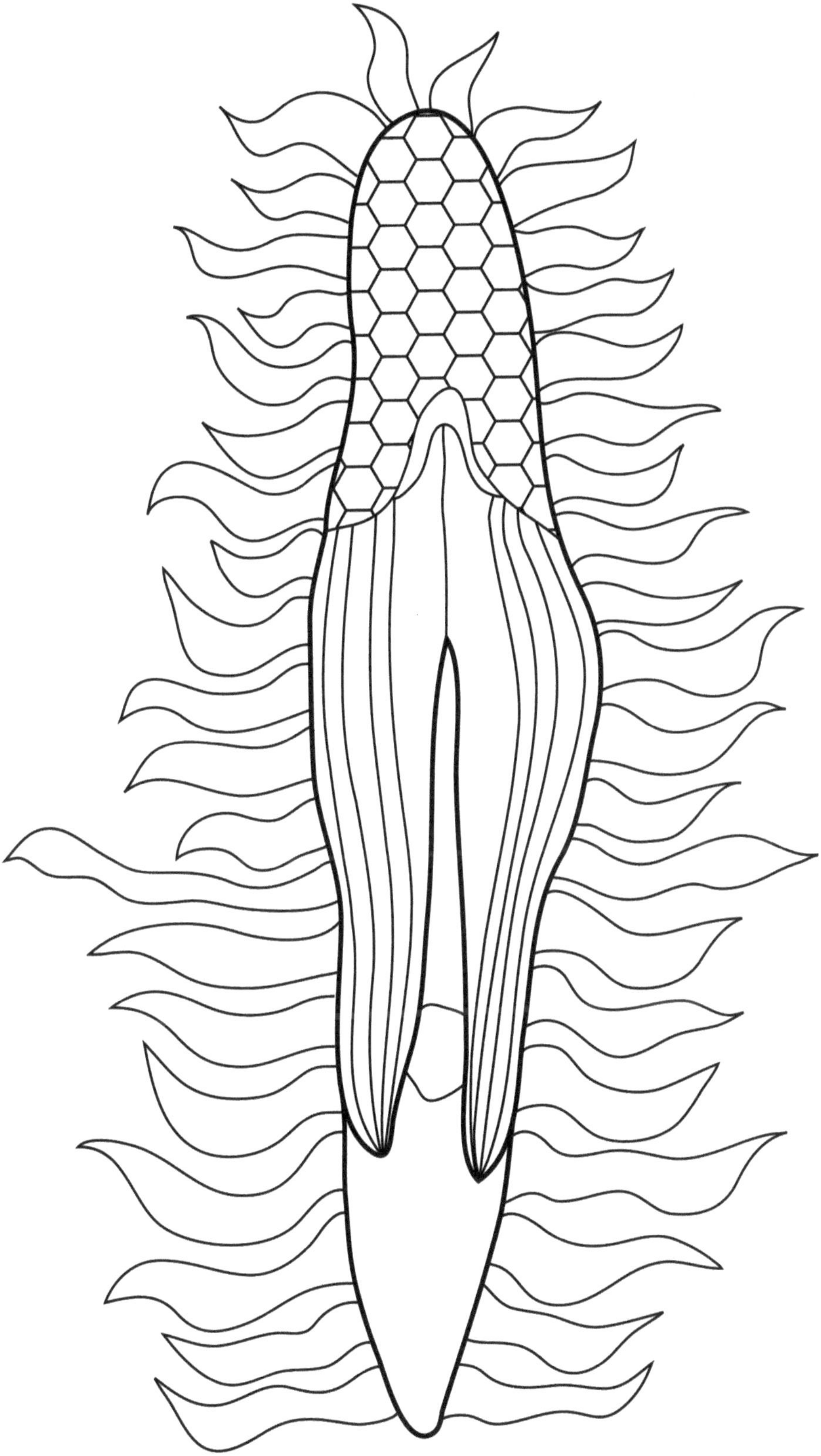

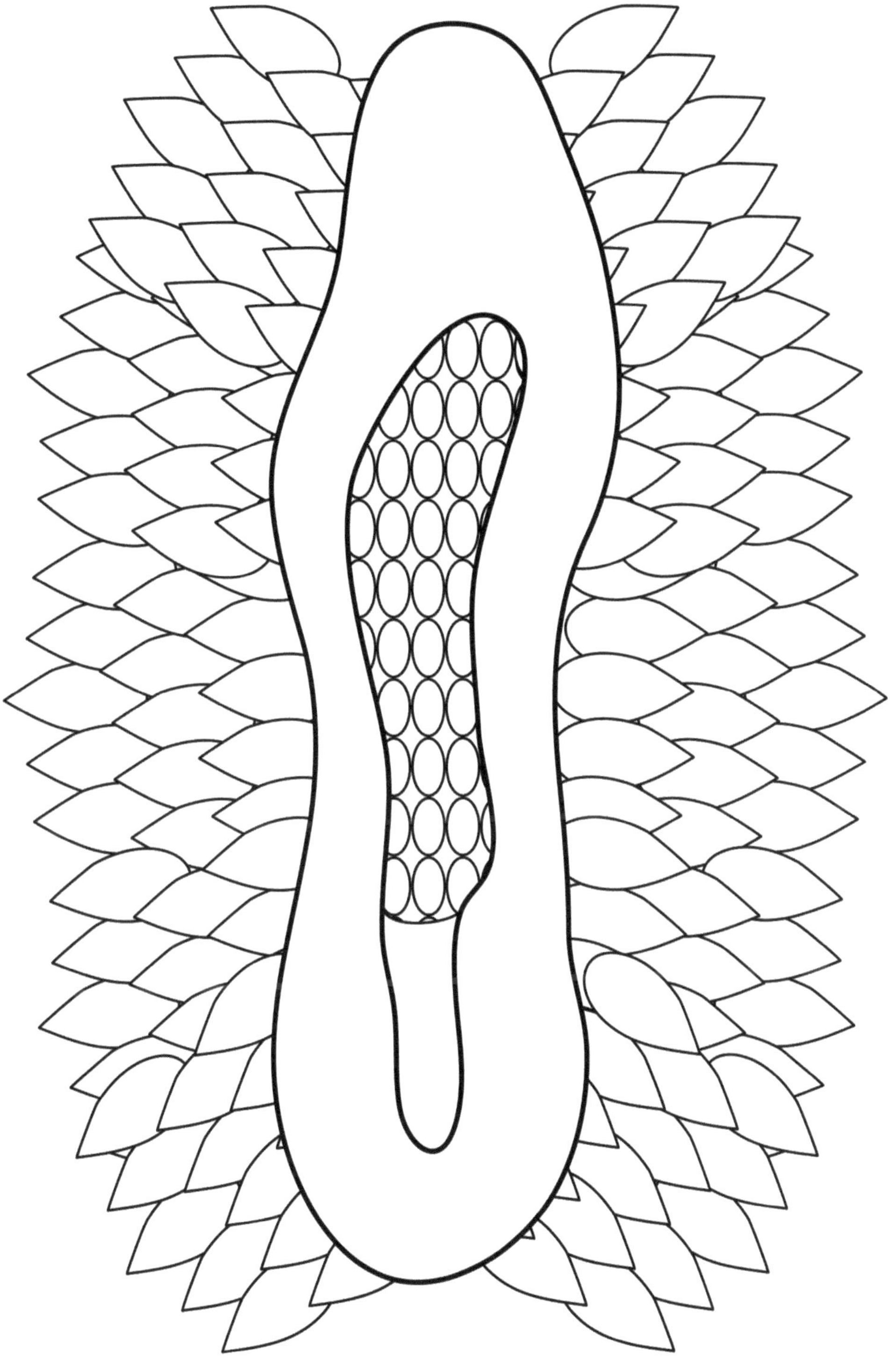

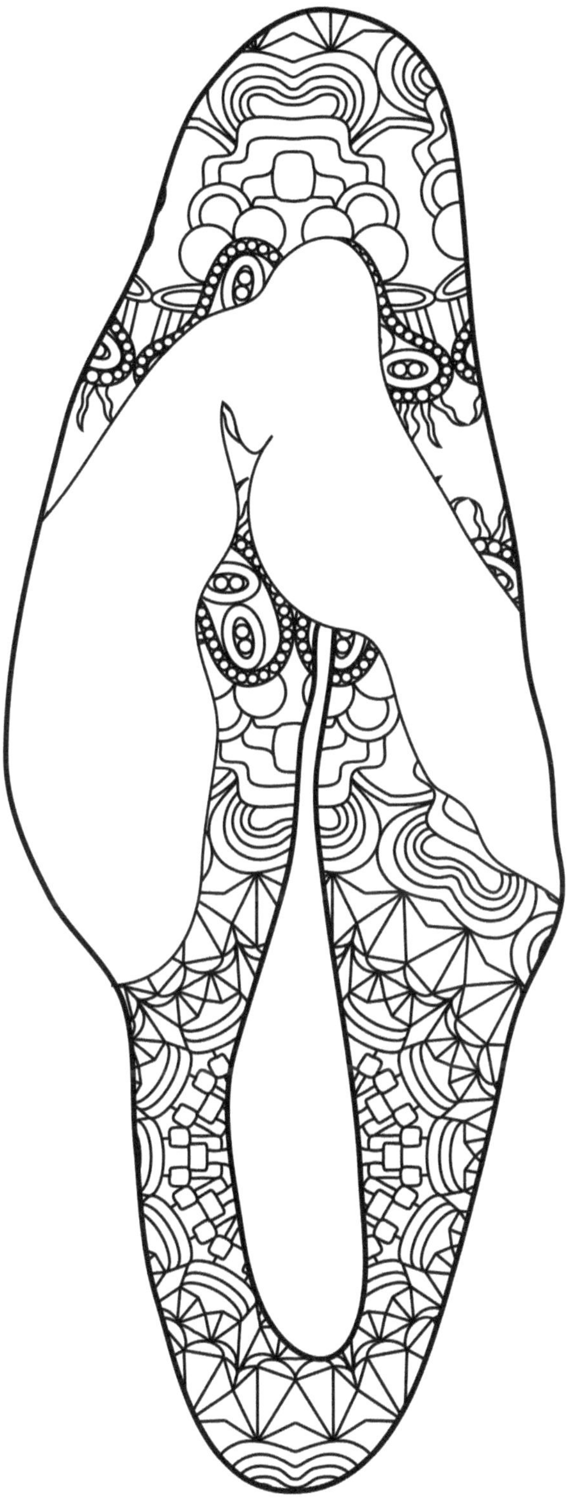

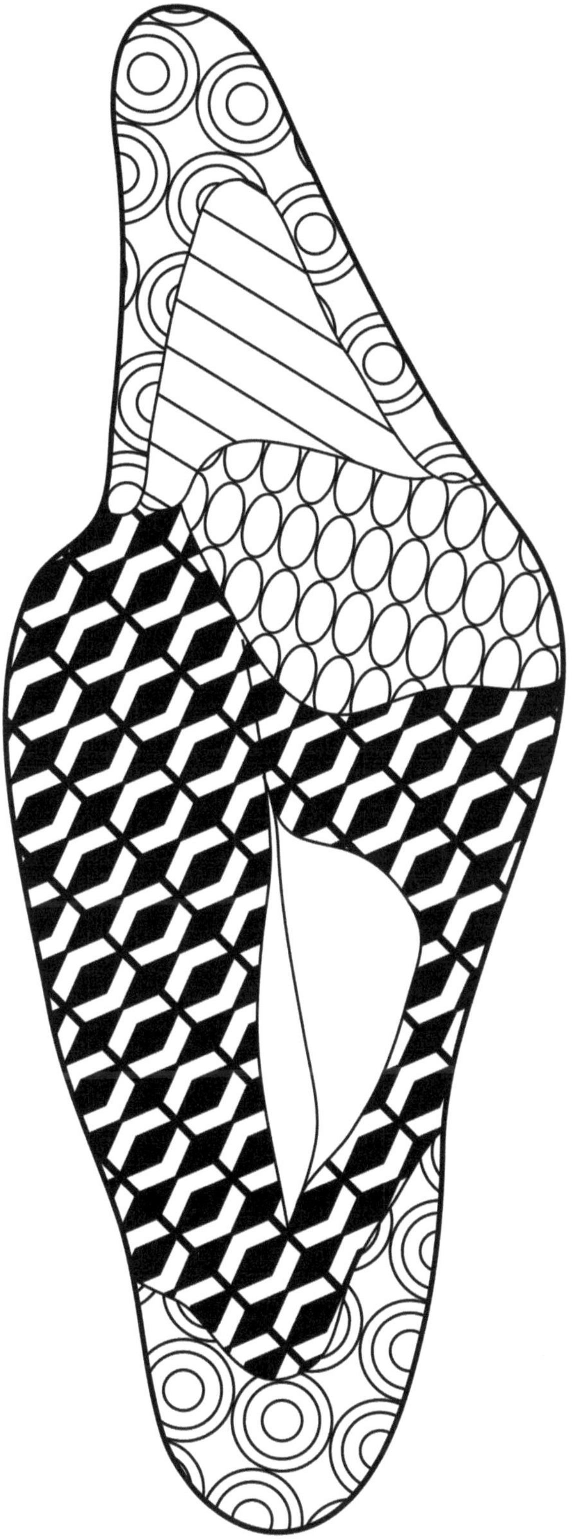

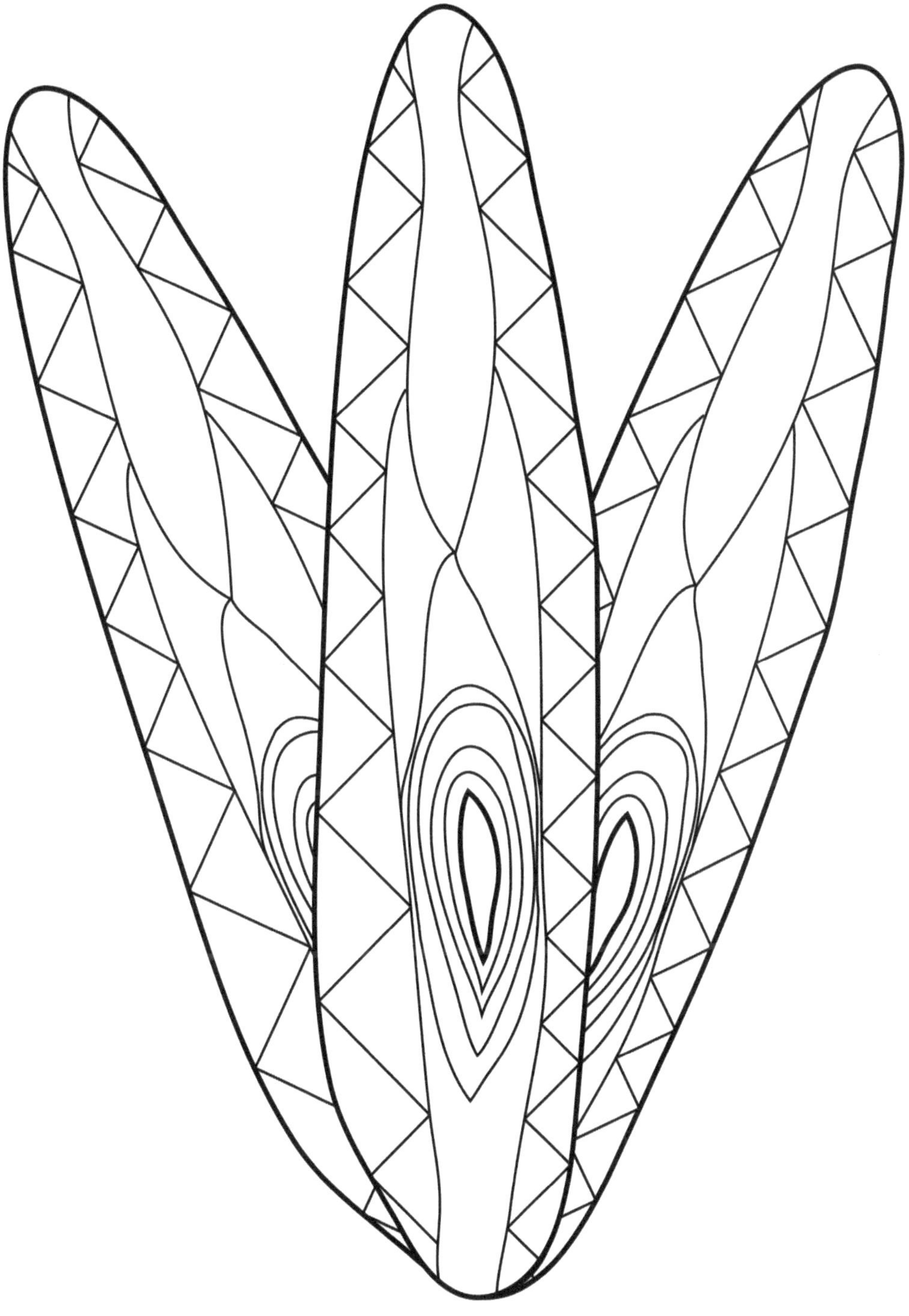

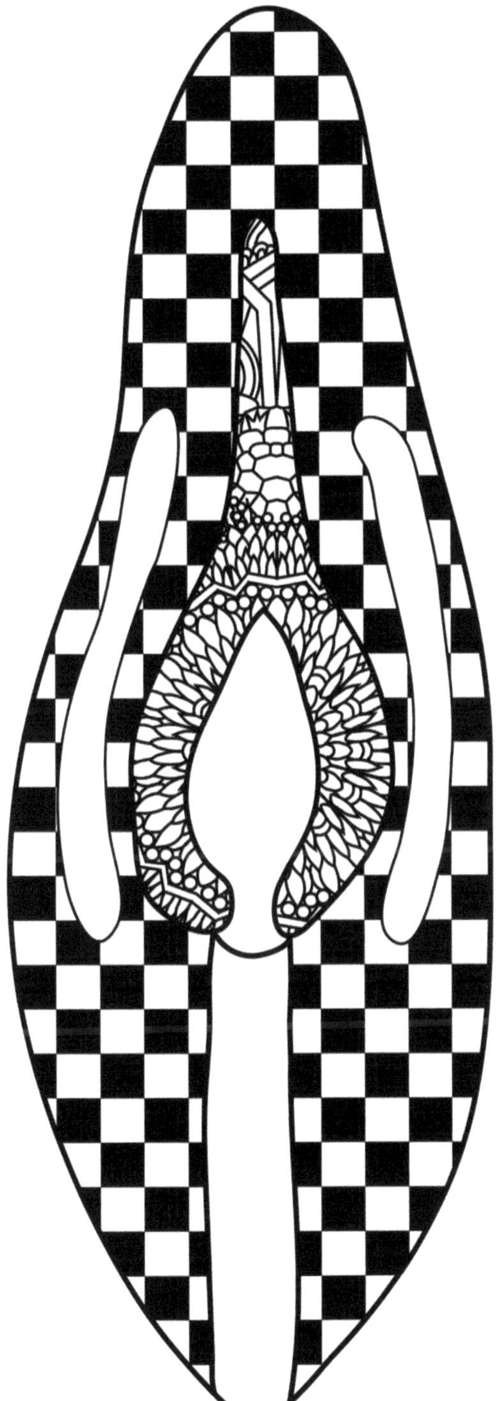

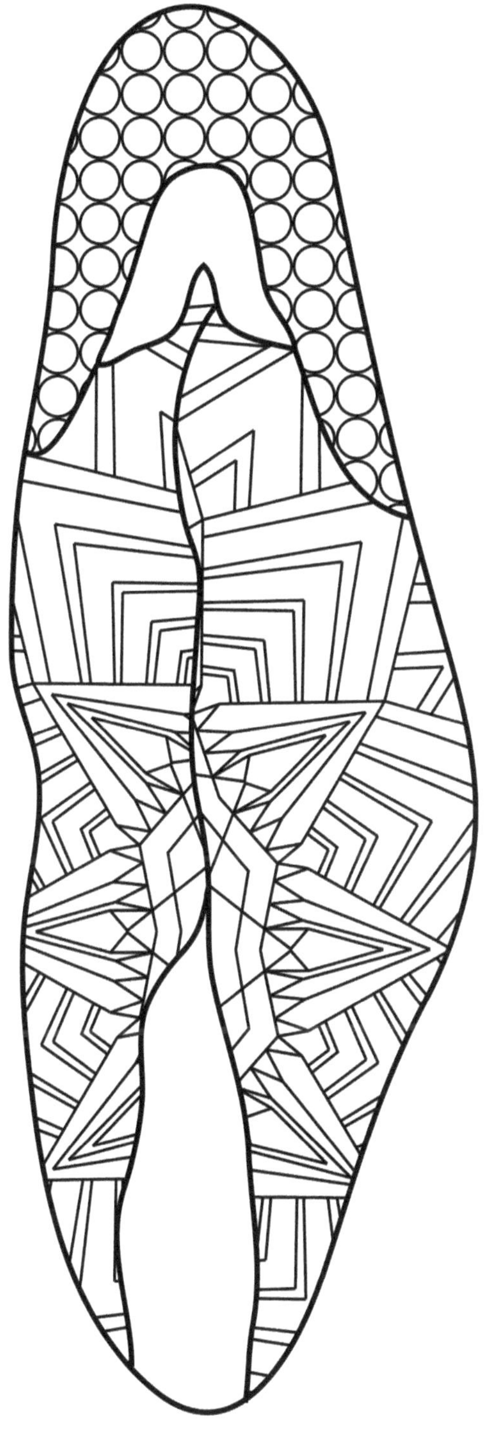

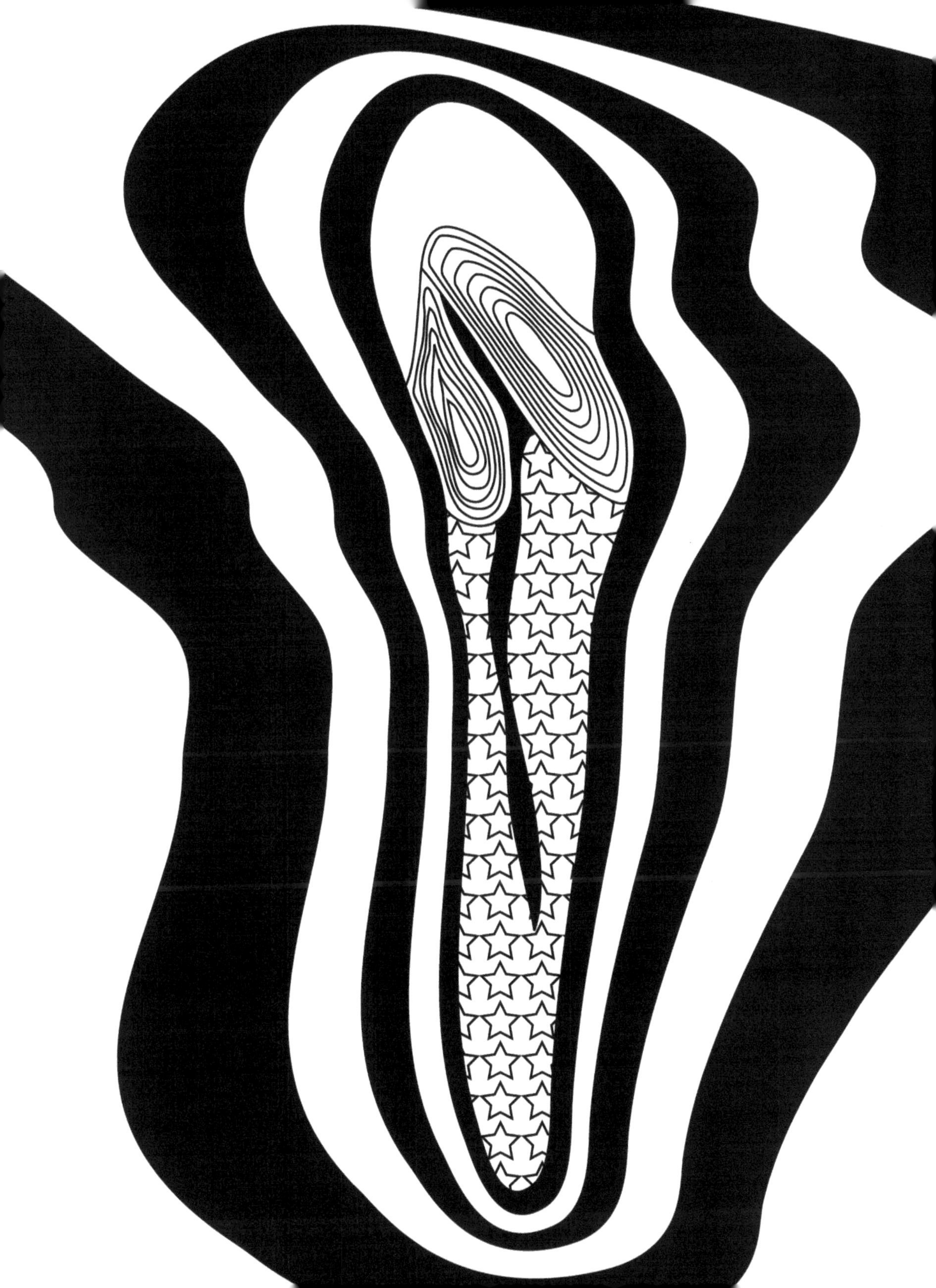

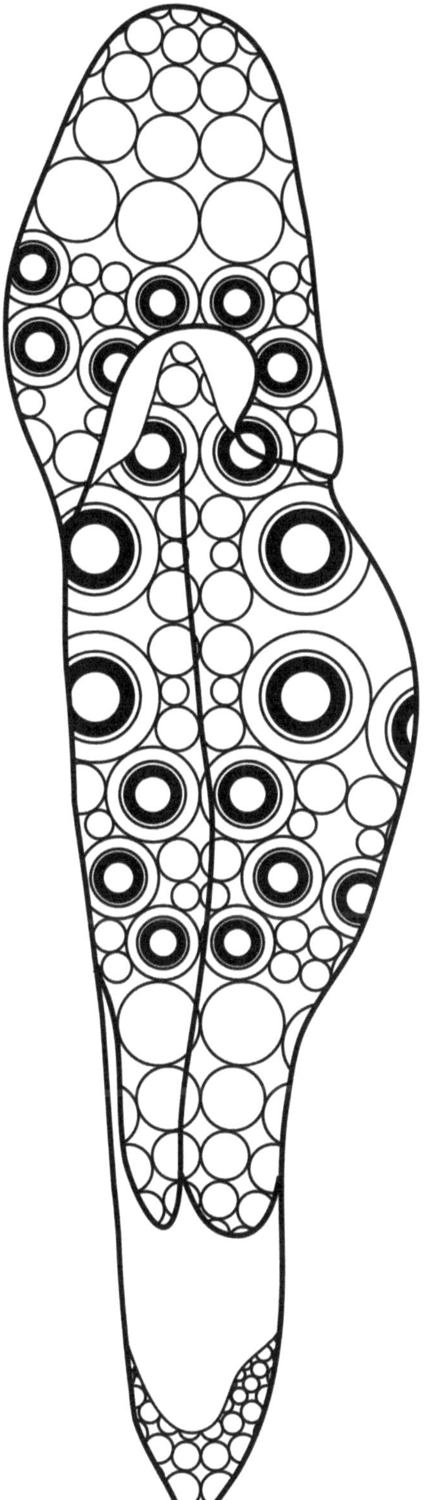

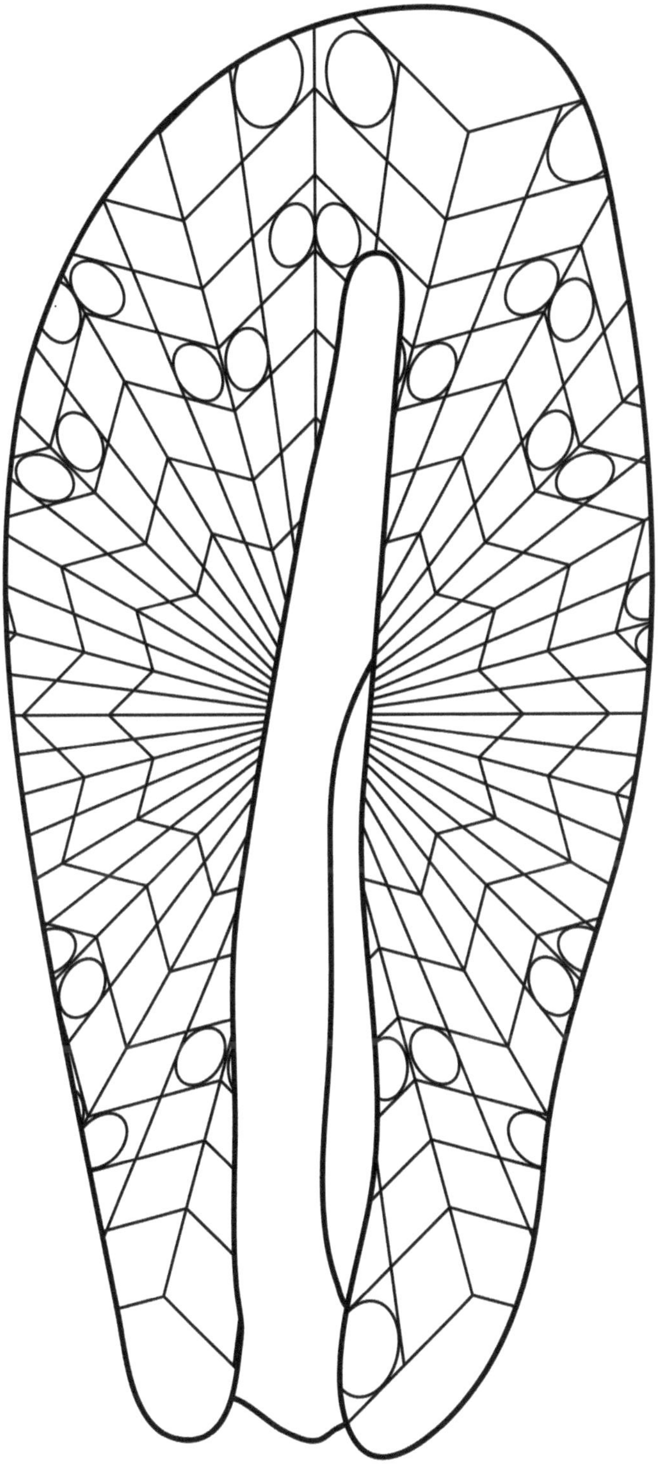

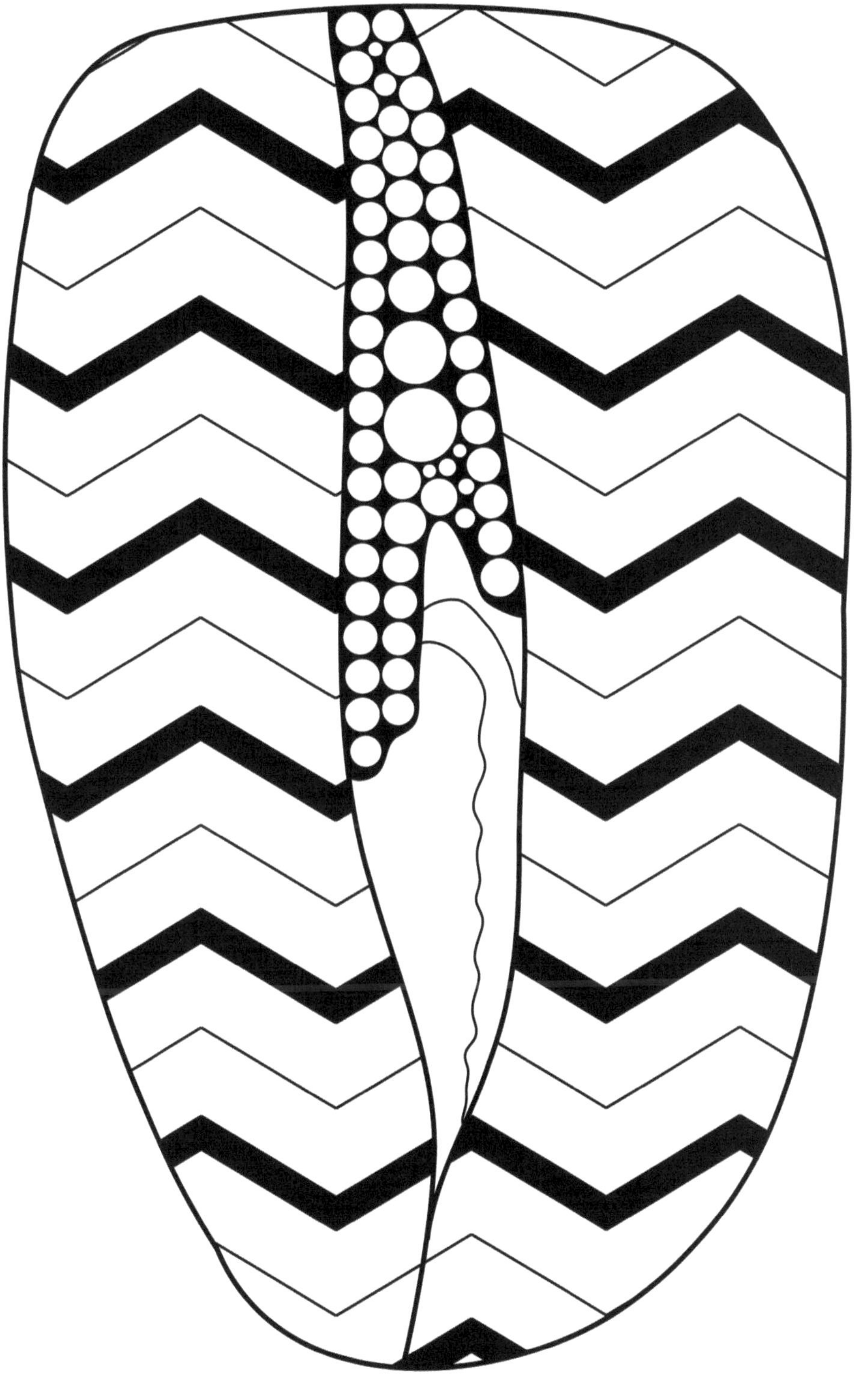

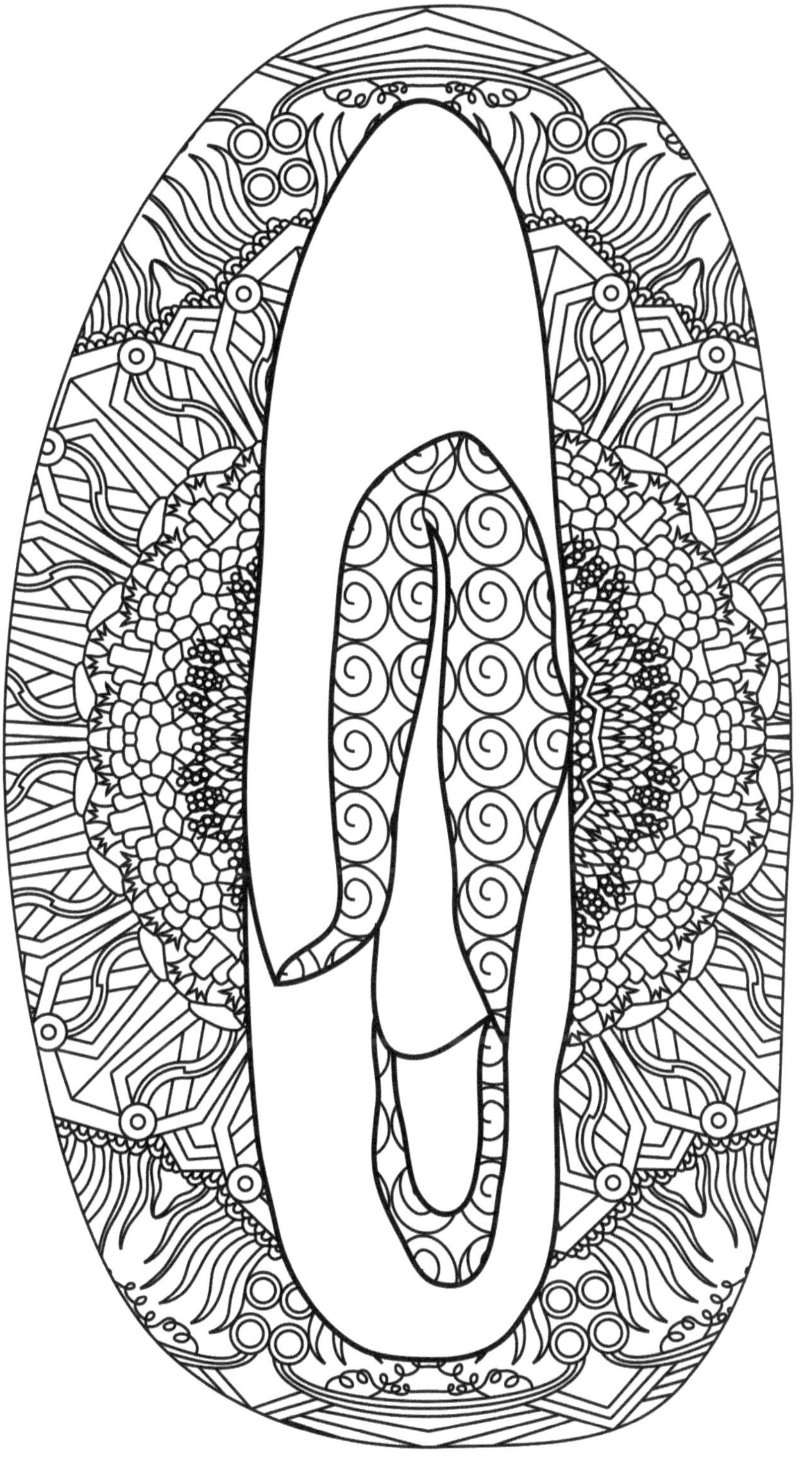

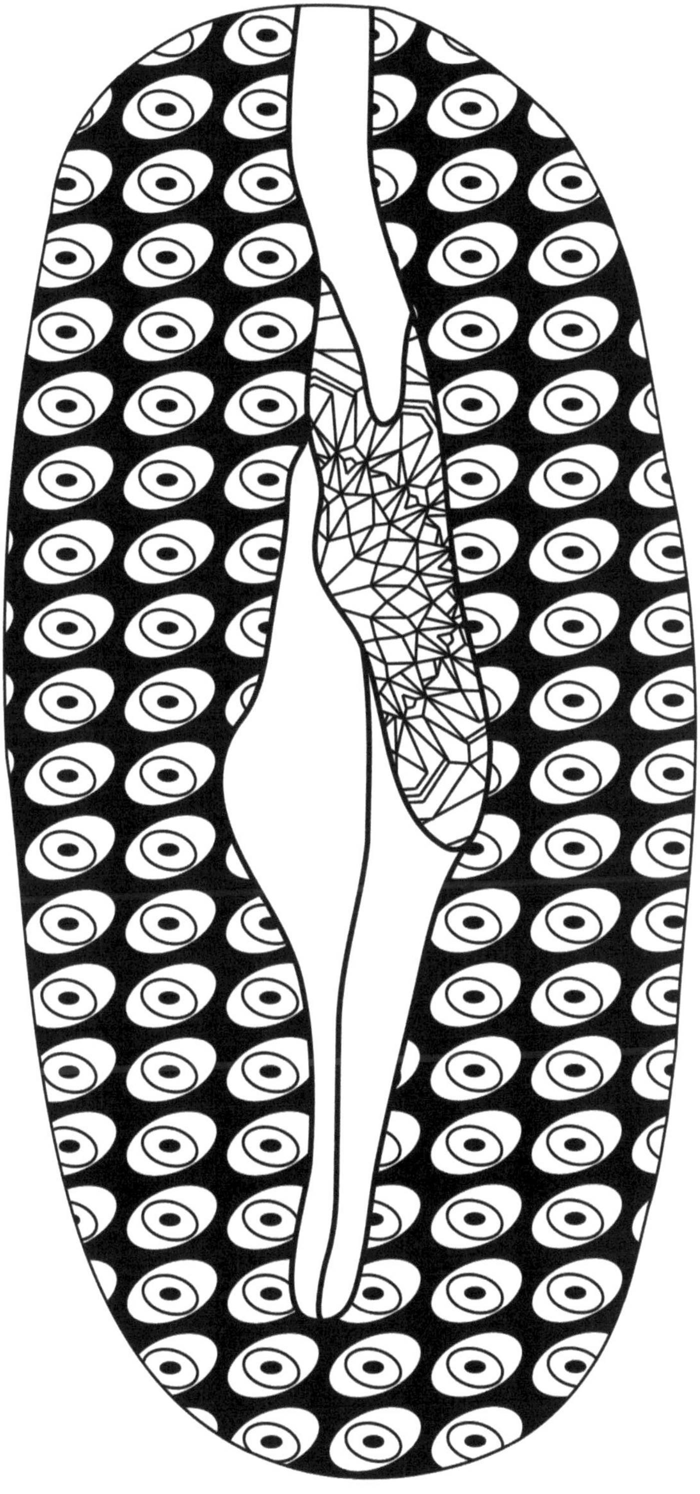

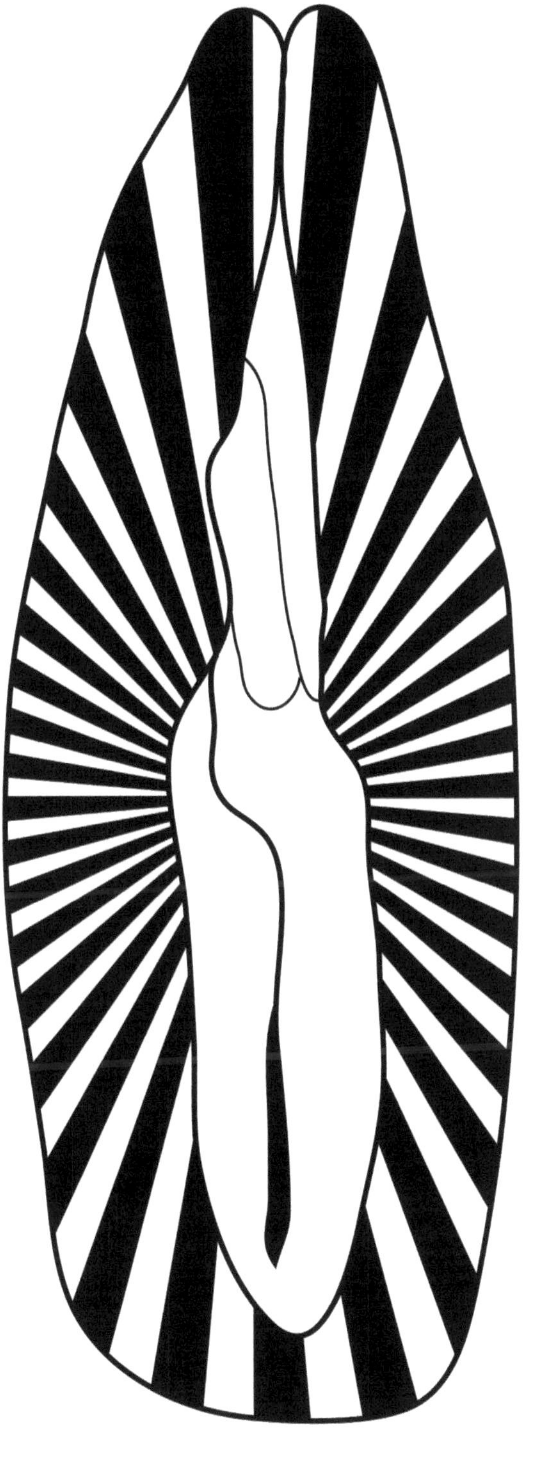

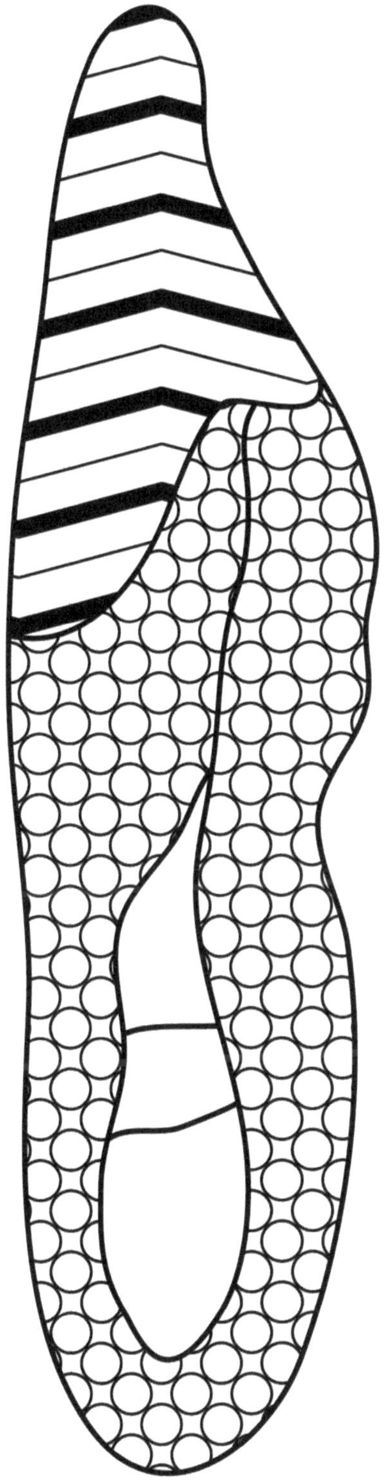

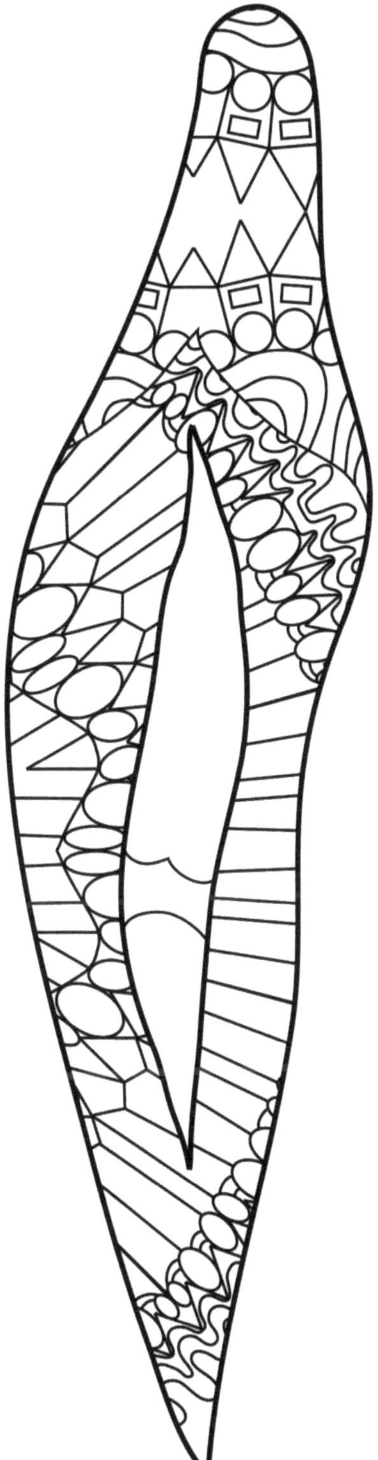